N IHONKOKU
Y ARIKURI
NO K ARAKURI

荒牧國弘 著

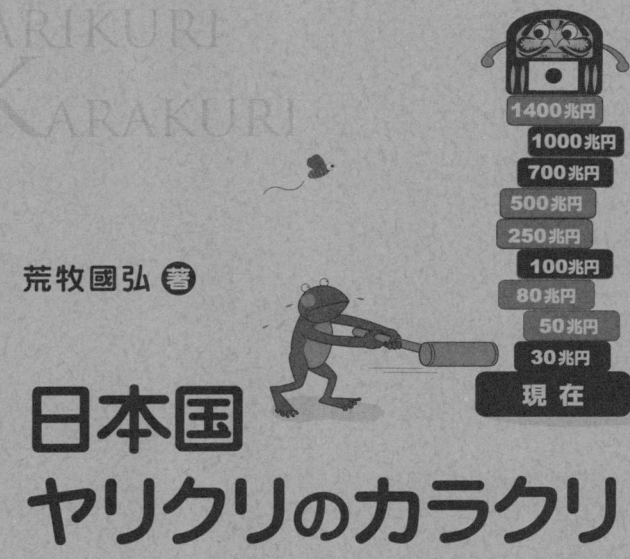

日本国
ヤリクリのカラクリ

国の借金は国民が返すしかない

五曜書房

はじめに

　わたしは3年前に会社を退職し、技術士事務所を開いたエンジニアです。昭和12(1937)年生まれで国民学校2年生のとき終戦となりましたので、校長先生の白手袋を覚えている最後の世代の一人です。

　大学では化学工学を学び、昭和35(1960)年に石油会社に就職しましたが、世はまさに高度成長時代を走り出そうとしているときでした。ちょうどこの頃日本のエネルギー源が石炭から便利で安い石油に切り替わるときで、経済成長の基盤となる石油の安定供給に役立とうと石油会社に入社しました。そして昭和48(1973)年には第一次オイルショックがあり、石油価格急上昇と狂乱物価などにより高度成長時代は終わりました。日本はオイルショックを乗り越え、欧州の先進国に一人あたりのGDP(国民総生産)で追いつきましたが、昭和60(1985)年以降はおごりが出たなかでの円高対応やバブルの発生がありました。平成3(1991)年以降は自信喪失のなかでバブルの後始末などが続いており、同時にグローバリゼイションへの対応に追われるなかで働きました。

　退職後はエネルギー政策などを勉強していますが、知れば知るほど日本の財政問題がひどいことになっていることに気

づき、財政問題に首を突っ込みました。一昨年より二年間にわたり財政問題を追いかけ、財政問題の実情となぜ日本では改革が進まないかを調べました。

日本の社会は、閉塞感におおわれています。有効な対策は構造改革しかないのに、国民の大多数は頭でわかっていても、体のほうは何とかいまのままでいけないかと望んで、既得権勢力になっています。さらに本来構造改革を推進すべき政治家、官僚、企業家、学界、言論界などがリーダーシップを発揮していないだけでなく、障害になっているのが現状です。

閉塞感の原因はいろいろありますが、たとえば10年以上続いていてすっかり慣れてしまったゼロに近い"公定歩合"を見てみましょう。戦後の復興期から1990(平成2)年までは、公定歩合は大体年5％以上で推移してきました。ところが90年代前半にバブル崩壊後の不良債権処理や銀行の救済のためといって、公定歩合を徐々に下げ、1995(平成7)年には年0.5％まで引き下げました。しかし結果としては不良債権も銀行危機も解消せず、そしてずるずると低金利を続け、ついには2001(平成13)年にはさらに年0.1％まで下げて現在に至っています。長期戦略がなく対症療法の逐次投入で、本質的な解決を先送りしながら、いまだに綱渡りをしている

はじめに

状況です。家計の犠牲において銀行の救済を行っているわけですが、政策の失敗の結果、この異常な低金利はもう10年以上続いており、これが先行き不安となって閉塞感を生んでいるのです。

もしもいま公定歩合が以前のレベルに戻り、預金金利が5%になったとしたらどうなるでしょうか。家計の預貯金800兆円に5%の利子がつけば、利子だけで年間40兆円が世の中に発生します。年金生活者にとっては、息がつけることになります。もちろんその反面、国債をはじめとして国と地方の借金は700兆円もありますので、それの金利も35兆円が必要となり、国と地方の財政は大変なこととなります。

このように問題先送りの対症療法の結果、自由度はどんどん縮小しており、現実には問題の解決がますます難しいほうに動いています。悲観論にひたるのではなく、まずは事実を正しく認識し、国民の間で正しい認識に基づく議論がなされ、叡智を絞って前向きな解決策を考え出すことが必要です。この小冊子は現実を正しく理解していただくために、できるだけ正確な数字をさがしてまとめたものです。スタートポイントに立つための情報を集めたものです。

この小冊子が、みなさんのご参考になり、多くの人に読ま

れますことを願っております。日本の底力を見せるのはこれからです。

　この小冊子のポイントは、次の九つの数字です。平成14年度予算の数字を使っています（カッコ内は日本人の成人一人あたりの数字です）。

　1400兆円（1400万円）：家計の金融資産
　1000兆円（1000万円）：隠れ借金込みの国と地方の借金
　　700兆円（　700万円）：国と地方の借金
　　500兆円（　500万円）：GDP（国内総生産）/年
　　250兆円（　250万円）：国と地方の借金のあるべき目標
　　100兆円（　100万円）：不良債権残高（信用膨張残高）
　　　80兆円（　　80万円）：国の予算規模/年
　　　50兆円（　　50万円）：国の税収/年
　　　30兆円（　　30万円）：国の財源不足（赤字国債発行）/年

　この小冊子をまとめるにあたり、沢山の人びとよりご意見を頂戴し、ようやく完成することができました。この場を借りて、お礼申し上げます。

　　　平成16年2月13日

　　　　　　　　　　　　　　　　　　　　　荒牧　國弘

目　次

はじめに……………………………………………………………… 3

第1章　国は国民の預貯金を使い込んだ ……………11

第2章　国のフトコロは大赤字 ………………………19

1. 国は毎年大赤字の予算を組む …………………………22
2. 国の予算を家計にたとえてみると ……………………23
3. 恐ろしいレベルに積み上がった国と地方の借金 ……24
4. みなさんの蓄えはいくらあるのか ……………………26
5. 今後はもっと積み上がる大借金 ………………………27
6. 他の国ではどうしたのか ………………………………28

第3章　政治経済専門家の見方は2つ、それぞれ違う処方箋 ……………………………………………31

1. 景気サイクル論者は景気対策を主張 …………………32
2. 歴史的転換論者は構造改革を主張 ……………………32
3. デフレとはそんなにひどいことなのか ………………34

第4章　日本の改革が遅れた理由 …………………37

1. 原因その1──お役人のやり方が時代遅れに ………38
2. 原因その2──自民党政権のやり方も時代遅れ ……39
3. 原因その3──持続可能社会への転換をしようとしない …………………………………………………41
4. 原因その4──アメリカ追従のツケ ………………41
5. 四つの複合原因とみんなの考え方も原因 …………43

第5章　大赤字は何が問題なの ……………………45

1. 沢山ある心配のタネ …………………………………46
2. ではどうすべきか──自信をもって冷静に対処しよう …………………………………………48
3. もし失敗したらどうなるの …………………………50
4. アメリカが風邪をひくと日本は肺炎になる ………53
5. 親子世代間負担のはなし ……………………………56

第6章　みんなで考えよう日本人の良くないクセと習慣 ………………………………………………59

1. 選挙で一票の力は平等ですか ………………………60
2. リスクに無関心ではないですか ……………………62
3. 情けを伝える情報を活用していますか ……………63

目　次

 4. 大切なことをその場の雰囲気で決めていませんか …… 66
 5. 外国人が好きですか …………………………………… 67
 6. 歴史から学んでいますか ……………………………… 68

第7章　いまこそ決断のときです ……………………… 71

 1. どの道を選ぶのですか ………………………………… 72
 2. 借金返済は大変な道ですが …………………………… 72
 3. 新しい元気な日本をめざして自信をもとう ………… 74
 4. 大変さ加減はいろいろ ………………………………… 76
 5. 元気を出して智慧(ちえ)を出そう ………………………… 79

第8章　先送りを止めることから全てが始まる …… 83

おわりに ……………………………………………………… 88

 参考書 ……………………………………………………… 91

第①章

国は国民の預貯金を使い込んだ

日本は、約30年前から税収不足を国債でカバーするという"スーパーテクニック"を使い始めました。国債とは国の借金であり、国の借金はすべて国民の借金なのです。国の借金はいずれ国民が税金としてツケを払わせられることになるのです。この大事なことを国民が政治に無関心であることを利用して、国民が気づかない間にやってしまったのです。今日でもまだ景気対策や補正予算との声がありますが、さらに積み上がる国の借金のことは誰も心配していないように見えます。

　日本民族の得意の一手である、"問題先送り"を長くやってきました。その結果平成15年3月末には国と地方の借金合計が約700兆円に達してしまったのです。その他に特殊法人などの隠れ借金がいろいろあり、すべてを合計すると借金は1000兆円に近いとの指摘もあります。

　日本の家計の金融資産は1400兆円あるといわれています。このうちの約800兆円が預貯金であり、これから見ると国と地方自治体は、どうやら家計の預貯金のほとんどに匹敵する金額を使ってしまったようです。

　太平洋戦争での敗戦により日本はたたきのめされましたが、廃墟のなかから国民全員が力を合わせて頑張り、世界第二位の経済大国にまでなりました。しかしいまでは経済大国にまで導いてくれた日本の社会システムが制度疲労を起こ

第1章　国は国民の預貯金を使い込んだ

国権の象徴である国会議事堂

し、機能が正しく働かなくなっているのです。日本がいまのような低迷状態を続けるようでは、世界経済に対し大きな悪影響が出てくるだけでなく、国民が営々として築いてきた日本社会が、夢も希望もないものとなり、国の衰退に向けて下降線をたどるおそれがあります。

　この閉塞感を打ち破って、日本が21世紀に世界のリーダーの役割を果たすためにも、いまこそ国民の一人ひとりが現状の問題点を正しく理解し、何をすべきかを考え、実行することが必要なのです。いろいろな数字や警告は断片的に報道されていますが、財政問題につき全体像を示した資料は見当りません。いまは日本中が"鍋の中の水に入れられた蛙"と

千代田区・永田町にある自由民主党本部の建物

同じ状態になっています。蛙は熱湯に入れられればすぐ飛び出しますが、水からゆっくりと温められると、水温が上昇してゆであがることも知らず、飛び出そうとしないのです。

　これは、日本中がある意味のコントロール不良状態になっており、リードすべき政治、行政、企業、マスコミ、学者などが、ことの重大さに本当のことが言えないのか、国民への説明責任を果たしておりません。国民も政治への無関心派が増え、政治家にたいし説明責任を追及していません。

　1970年代の前半から、世界の潮流が変わり始めておりました。当時の日本では追いつけ追い越せで高度成長時代をひたすら走っていましたが、国連を中心に世界では、資源や食

料に限りがあり人口爆発と低開発国の開発をどうすべきかの議論がなされていました。これはいまでいう"持続可能経済開発社会"へのシフトの必要性が訴えられていたのです。遅くともその後の20〜30年の間に、社会経済構造を変える必要がありましたが、先進国のなかで日本だけが問題先送りで改革をほとんどしてきませんでした。

　アメリカやヨーロッパでは、1980年代から必死に改革に取り組み、国と地方の借金はGDP（国民総生産）対比でイタリア（106％）とカナダ（100％）を除けば、だいたい50〜60％以下に調整されているのに対し、日本は141％とダントツでさらに増え続けています。これを日本も50％以下まで下げることが財政改革のターゲットとなります。

　日本でGDPの50％にまで国と地方の借金を減らすことを考えてみましょう。5年間と40年間での二つのケースで返済の場合を考えますと、消費税はなんと5年返済なら43％、40年返済なら22％にする必要があるのです。もちろん問題となっている年金や医療保険の対応なども考慮する必要がありますので、さらなる上乗せが求められるでしょう。この借金は30年間のツケの先送りの結果なのですが、税金をもっと払うべきであったのと、支出をもっと絞って我慢すべきであったのです。しかし現実には国民は景気対策といっていつも減税を求め、そして道路や橋の建設も求めました。

結局不足分を国民がこれから返済することが唯一の解決策なのです。

　他の先進諸国でできた財政改革が、日本でできないわけがありません。国民が財政改革を実行すると決断すれば可能なのです。日本の経済力、日本人の能力、そして日本の底力からすれば、やる気と決断があればできることなのです。

　具体的な改革計画は慎重に検討され、10年以上の長期戦略として国民に説明がなされ、国民の了解を得たうえで実行されるものとなるべきです。生き物の経済をあつかうのであり、それぞれの専門家が、微調整や計画変更をタイミングよく実行することが求められます。そして財政の持続可能性に対する信認を失うことがないように、市場に対する透明性を維持していくことが大切です。

　これだけの負担を国民に強いるのですから、政治家は行政制度を抜本的に変えて、官庁のトップ人事は内閣が任命するとともに、特殊法人の原則廃止や天下り禁止などを迅速に行う必要があります。政治、財政、行政、社会改革を断行する強力な内閣が求められます。

　2年間にわたり資料やデータを追い続けましたが、政治家の財政危機に対する感度の悪さに驚きました。国債の返還を

第1章　国は国民の預貯金を使い込んだ

勝手に60年に延ばして、国債残高の60分の1に相当する1.6％を毎年返還すればことは済むと理解しているとしか考えられません。このままで行くと、2015年に国の借金は2倍になると試算されており、そこまで国債が増えると、市場が財政の持続可能性を信認することに赤信号が点灯する可能性があります。市場の信認が失われれば、債務不履行に対する懸念やインフレ懸念などにより、国債の保有に対するリスクが強く意識されるようになり、金利の上昇や通貨価値の下落などが起こり、財政は破綻します。終戦直後の財政破綻の再現となり、日本国と日本人は沈没することになります。

これを回避する方法はあると信じます。中前　忠さんとヘイミシュ・マクレイさんの共著"目覚めよ！　日本"によれば、構造改革のポイントを次のようにあげていますが、そのとおりと考えますのでここに引用します。

①既存産業のリストラとダウンサイジング

②ニュービジネスの育成支援

③政府部門の効率化

④デフレの受け入れ

⑤規制の改革　税制・財政・教育の改革

⑥政治の改革　未来産業・消費者・タックスペイヤーを代表する政治へ

第 ❷ 章

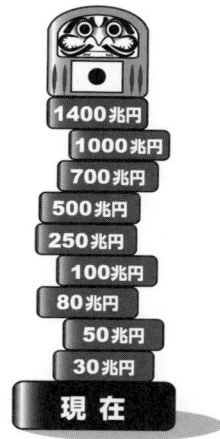

国のフトコロは大赤字

財政とは政府の経済活動のことで、政府は税金や国債などによりお金を集め、国民の生活にかかわる活動を行っています。

　国民は財政には興味がなく、財政がわからないので無関心です。これは単位が兆円や億円の世界であり、あまりに金額が大きく日常使うお金の世界である万円、千円とつながらないからなのでしょう。

　現在の日本は、国債の発行が世界の先進国のなかでも一人とび抜けたレベルに達しており、このままゆくと近い将来に返済不能となる可能性が大きく、危機的な状態にあります。これは30年前より税金収入の不足を増税でなく赤字国債で穴埋めしてきたことと、1990年代に何度も景気対策として大量の公共投資や支出をしてきた結果なのです。

　国債の残高は、平成15年3月末で、赤字国債が206兆円、建設国債が221兆円、そして政府の借金115兆円を加えると、合計で542兆円となっています。その他に地方自治体の地方債などの借金163兆円を加えると、国と地方の公式の借金合計は705兆円となります。さらに特殊法人などでのムダ使いによる隠れ借金を加えると、日本の政府の借金は1000兆円に達しているとの指摘があります。

第 2 章　国のフトコロは大赤字

財務省（かつての大蔵省）　消費税を導入したのは大蔵省であった

　公式数字の705兆円とはどんな数字なのでしょうか。日本の成人人口の1億人で割ってみると、成人一人あたりの国と地方の借金は700万円になります。隠れ借金も含めた1000兆円が国と地方の借金合計なら、日本の成人一人あたり1000万円の借金ということになります。国民が認識していないうちに、成人一人あたり1000万円もの借金をすでに積み上げてしまっているのです。

　政府の借金はいずれ国民の負担になります。政府は人為的な組織であって、一国の最終的な損失を負担するのは国民以外にありえないのです。したがって、いずれ政府は返済のために税金の形で国民からお金を徴収することになります。

戦後の復活から高度成長時代までは、日本の政治・官僚・企業の鉄のトライアングルは誠にじょうずに日本を世界第二位の経済大国に押し上げましたが、この裏で税収不足を赤字国債で穴埋めし、支出では公共投資などを膨らませました。この結果積み上がったのが、いまの政府の借金なのです。安い税金負担で大きな政府を続けてきたことの当然の結果でした。国民も道路を造れ、新幹線をわが町へと支出の拡大を要求したものでした。

1. 国は毎年大赤字の予算を組む

　国の一般会計の規模（平成15年度、単位：兆円　カッコ内は平成14年度）

歳入（収入）		歳出（支出）	
租税・印紙収入	41.8(46.8)	国債費	16.8(16.7)
その他収入	3.6(4.4)	地方交付税	17.4(17.0)
公債費	36.4(30.0)	一般歳出	47.6(47.5)
建設国債	6.4(6.8)	社会保障	19.0(18.3)
赤字国債	30.0(23.2)	公共事業	8.1(8.4)
		その他	20.5(20.8)
合　計	81.8(81.2)	合　計	81.8(81.2)

　平成14年度と比べると、予算規模は0.6兆円だけふくら

第2章 国のフトコロは大赤字

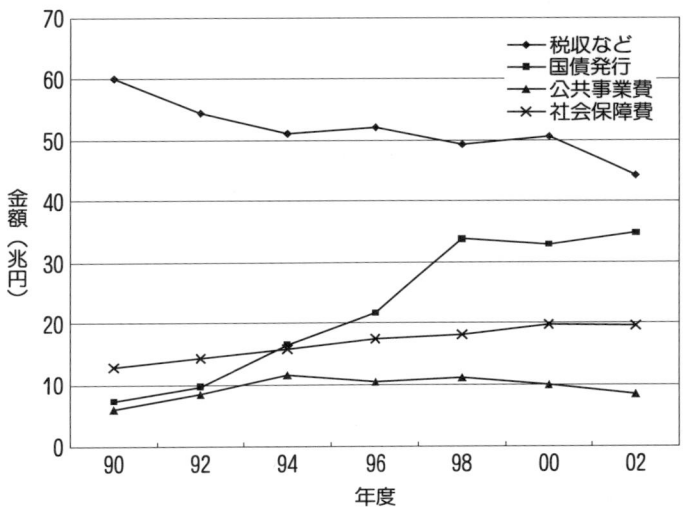

図1　国の予算主要項目の推移

んだだけですが、税収その他の収入が4.8兆円も下がったため、国債の発行も6.4兆円も増えました。ますます税収不足がひどくなり、このままではその年の必要国債発行額が税収などの収入合計を追い抜くのは時間の問題となっています。1990年から2002年までの予算主要項目の推移を見ましても、同じ傾向があり、さらに社会保障費が年ごとにふくらんでいくのが見られます。

2. 国の予算を家計にたとえてみると

　一般会計では単位が大きすぎますので、81.8兆円を818

万円に読み替えて、家庭の会計として見てみましょう。家の年収は454万円しかありませんが、家の支出は818万円で、不足分364万円を借金して穴埋めしています。そして借金の積み上がりは5420万円にもなっています。これはメチャクチャに近い家計でしょう。

　この家計を救うには、まず借金をやめることが第一であり、ついで借金の返済を始めなくてはいけません。このためには、収入を増やし1000万円位にしたうえで、支出を700万円くらいに下げる必要があります。そして残りの300万円を返済にあてるのです。収入を倍以上にすることは至難の業でしょう。奥さんも子供も働きに出なくてはならないこととなります。

　これを国にあてはめると、税金を55兆円増やし（消費税なら22％を増加させる）、支出を10兆円圧縮することになります。このような荒療治が必要なくらいに、日本の財政は破綻状態に近いところにいることが、おわかりいただけたと思います。

3. 恐ろしいレベルに積み上がった国と地方の借金

　平成14年度末で、国と地方の借金残高は705兆円に達しています。国の国債残高が427兆円で、借入金残高115兆円

第2章　国のフトコロは大赤字

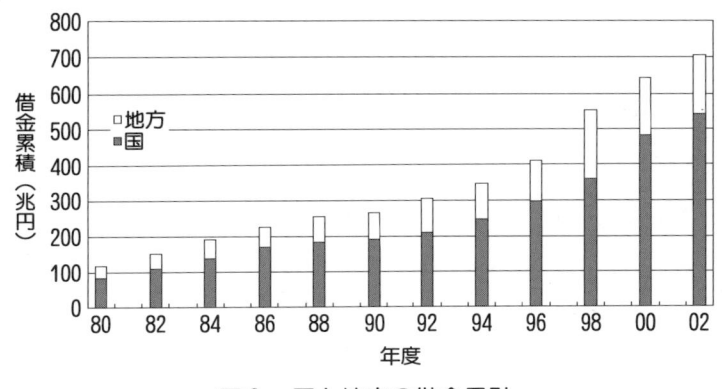

図2　国と地方の借金累計

を加えると国の長期の借金残高合計は542兆円となります。一方地方自治体の借金残高が193兆円あり、国との重複分30兆円を差し引いて、正味の地方の借金は163兆円となります。したがって国と地方の借金の累計は705兆円となります。

　1990年代の景気対策などのための支出拡大により、国と地方の借金残高が倍増したことがわかります。何でもありの小渕内閣の景気対策が思い起こされます。結局90年代に景気対策に130兆円もつぎ込んで、景気回復もなく、ただ借金を積み上げることとなったのでした。

4. みなさんの蓄えはいくらあるのか

　日本の家計の金融資産は、なんと1400兆円もあることになっています。ここ数年の株価下落などで多少減ってきているものの、平成15年3月末で1396兆円ありました。その内訳は現金・預金が782兆円、保険・年金が402兆円、債券と株式・出資金が212兆円となっています。

　この1400兆円こそが、国や地方の借金残高が大きくなっても、国債の信用が失われることがない根拠といわれています。いざとなったら1400兆円を家計から取り上げて、国や地方の借金を返すという、公私混同の乱暴な言い分です。

　しかし大前研一さんによると、政府が約束している医療や年金制度の将来の支払い額を、現在の価値で表すとマイナス800兆円もあり、国と地方の借金700兆円と合わせるとすでに1500兆円の赤字となっている。したがって家計の金融資産1400兆円は、バランスの上では消えてしまうこととなります。

　また慶應義塾大学池尾和人さんによると、家計の金融資産は1400兆円あるが、他方で国と地方の借金が700兆あり、さらに隠れ借金300兆円を差し引くと、400兆円しかバランス上は残らないこととなります。しかも家計部門は400兆円の借金をもつので、正味は何も残らないということになります。

第2章 国のフトコロは大赤字

内閣府庁舎には内閣官房と内閣府が入っている

5. 今後はもっと積み上がる大借金

　財務省が平成14年に名目成長率0.5％を前提に試算していますが、2015年には国債残高はいまの2倍の840兆円になるとしています。

　いまのままでは、国と地方の借金はどんどんふえ続けるということで、その前に国債の信用が失われる可能性が大きいと思います。

　日本の財政は根本的に変わらなくてはならないのに、常に問題先送りで何もしないと、いよいよ財政破綻が現実のものとなるのは避けられません。

6. 他の国ではどうしたのか

　主要先進諸国では、イタリアと日本が GDP 対比で 100% を超えていますが、その他の国は 50〜60% 前後となっています。

　財政改革はイギリスのサッチャー政権で 1979 年から始まりました。長いイギリス病からの脱出をはかるため、構造改革に着手しました。公共支出の増大が税負担や財政赤字の増加をまねき、結果としてのインフレと民間経済活動の阻害がイギリス病の原因と断定し、"インフレ抑制と財政赤字削減"を基本方針としました。そして国有企業の民営化、公共支出削減、所得税から消費税へのシフトなどを行い、小さな政府を目指して、1987 年には財政黒字に転換しました。

　アメリカでは、1981 年にレーガン政権が民間活力の活性化をはかり、強いアメリカの実現と経済再建計画を推進しました。その後のブッシュ政権でも財政再建を進めましたが、景気後退もあり赤字が拡大しました。1993 年に誕生のクリントン政権は財政収支均等法を制定し、景気回復もあって 1998 年には財政黒字に転換しました。ここでは新たな支出には、それに見合った増税または歳出削減を義務づけ歯止め

第2章 国のフトコロは大赤字

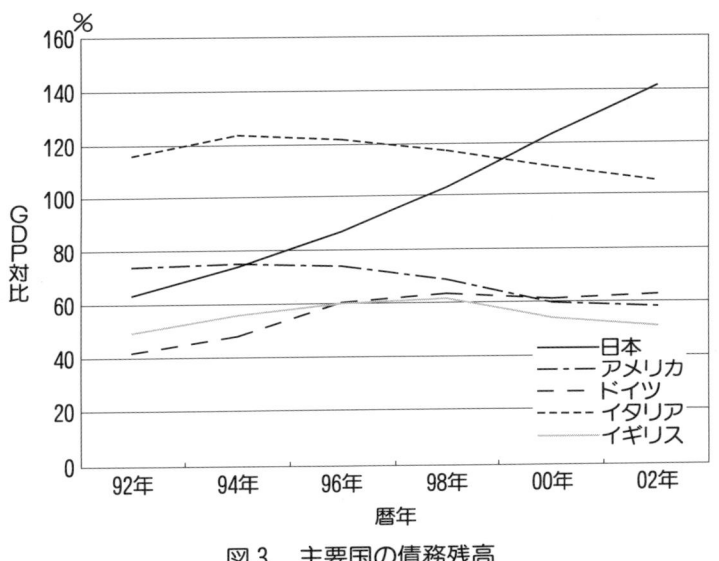

図3　主要国の債務残高

としました。

　ヨーロッパ各国も、EU（ヨーロッパ連合）安定成長協定などがあって、規律ある財政が維持されており、唯一イタリアが106％である他は、50〜60％台におさまっています。

　これから見て、先進国の国と地方の借金残高はGDP対比で50％以下に抑えることが先進国としての規律のある望ましい姿であるといえるようです。

第 ③ 章

政治経済専門家の見方は2つ
それぞれ違う処方箋

1. 景気サイクル論者は景気対策を主張

　経済活動には、好景気・後退・不景気・回復という循環する変化が見られ、これを景気循環といっています。景気循環には、周期3～4年のキチンの波、周期10年前後のジュグラーの波、周期50年のコンドラチェフの波などがあります。

　景気サイクル論では、今の停滞を景気サイクルの不景気局面とみなしており、それがこのように長期にわたり続いているのは、政策の失敗によるものと見ています。そこで金融政策や財政政策がどうあるべきかを論じており、日本経済が歴史的転換を求められているとの認識をもっておりません。

　ここから出てくるのは、この不況そしてデフレを脱却するには景気対策が必要であるとの立場につながり、景気回復をしてから構造改革をすべしとの大合唱になります。1992年以降11回の緊急経済対策が実行され、130兆円を投入しながら目に見える景気回復につながらなかったのは、みなさんが見てきたとおりです。

2. 歴史的転換論者は構造改革を主張

　一橋大教授の寺西重郎さんによれば、明治以降の日本ではほぼ30年ごと経済システムの転換が起こっているとしています。この周期から見ると、今回は、1980年代中頃には高

第3章 政治経済専門家の見方は2つ、それぞれ違う処方箋

度成長経済が衰退過程に入っているので、次の安定システムが確立する 2015 年頃までは低迷が続くとしています。ここでは、日本の西欧への追いつき追い越せの時代が終わって、アジア諸国の経済発展が進み、そして世界的なグローバル市場主義の動きなど、歴史的な位置づけが大きく変化しているとの認識があります。

　また、1970 年代には国連を中心に、地球の資源は有限であり、軍事拡大競争の抑制、人間環境の改善、人口の大増加の回避などの議論がなされました。いまでいう持続可能経済開発社会にシフトすべきとの指摘がなされたのですが、ここでもまた歴史的な大きな転換が求められていました。先進各国での対応はそれぞれですが、イギリス、アメリカをはじめとして先進国では構造改革への取り組みが進みましたが、日本では問題の先送りによる改革の遅れが問題となっています。

　いずれにせよ、ソ連の崩壊とグローバリゼイションによる市場経済の発展などにより、従来の延長線上でなく、新しい社会の枠組みと新しいやり方が求められており、1970 年代から 80 年代に歴史的な位置づけが大きく変わったとの認識をもつものです。

　ここから出てくるのは、歴史的な位置づけが変わったので

あり、いまや社会構造改革のまっただなかにあるので、短期的な対症療法ではなく、解決までには10年以上のスパンの長期戦略をもって取り組む必要があると主張するものです。

長期戦略をかかげ、短期的な経済情勢には的確な対応を取りつつ、破綻寸前の財政をどのようにして立て直し、あわせて年金医療問題や社会構造改革をどういうステップで解決していくかを示す改革プランが明示されなくては始まりません。

私はこの歴史的転換論の立場より、問題を見ています。

3. デフレとはそんなにひどいことなのか

人類は歴史上3回のデフレを経験しています。デフレとは、物やサービスなどで広い範囲に需要が供給を下回り、物価が下落している状態をいいます。物価は下がりますが、賃金や企業の収益も下がります。特に悪循環により景気が悪化するデフレスパイラルは経済規模の縮小につながりますので、警戒が必要といわれています。

第1回目は17世紀で、覇権がスペイン・イタリアからオランダ・イギリスへ移動した時期に起こりました。農業革命が盛んで、市場としてヨーロッパが統一され、結果として地域によって小麦の価格差が6倍もあったものが、2倍にまで下がりました。このデフレは100年間も続きました。このと

きイタリアのジェノバで長期金利が1.125％にまで下がったのが特徴でした。

　第2回目は19世紀で、国民国家の統一が行われていた頃でした。産業では第二次産業革命が進行中であり、軽工業から重化学工業への構造大転換を行っていました。鉄道から造船まで供給過剰が続き、自動車や電気機器といった応用産業を待っていたときでもありました。市場ではヨーロッパとアメリカ大陸との統合が行われデフレになりました。この23年間のデフレの間に、イギリスでは物価は年0.9％も下落しましたが、GDPは実質で年1.8％（名目年0.9％）も上昇しました。ドイツやアメリカの生産とGDPは、イギリス以上に増加しました。これにより労働者の実質賃金は大幅に改善されました。

　第3回目は、1929年の世界恐慌で、日本では昭和恐慌となり株価が半分に下がり、消費者物価も35％も下がりました。企業倒産や娘の身売りの悲劇が日本をおおいました。当時の浜口雄幸内閣が取った緊縮財政や産業整理は小泉内閣とそっくりでしたが、1931年に蔵相に就任した高橋是清が、赤字国債の日銀引き受けによる財政出動と経済政策の方向転換で、恐慌を脱出しました。

そして現在です。ソ連の崩壊などによりグローバルな大競争時代に突入しています。市場は地球規模となり、デフレになりかけています。資金や情報は国境をまたいで自由に移動しています。インターネットや情報技術そして新技術のバイオテクノロジーやナノテクノロジーなどの発展が期待されています。金利も日本で0.1%という歴史的に例を見ないレベルにまで下がりました。

　これを第3回目の世界恐慌の再来とみれば、財政出動と経済政策転換という短期的な景気循環論者の主張となります。そしてこれを第1回目や第2回目のデフレの再来と見れば、歴史的な大きな転換点にさしかかっているとして、長期的な戦略に基づく社会構造改革を推進すべしとの歴史的転換論者の主張となります。

第4章

日本の改革が遅れた理由

1. 原因その1──お役人のやり方が時代遅れに

　お役人はいまでも1940年体制のままで権力や利権を拡大しています。1940年体制とは、1940(昭和15)年に戦時体制突入に備えて、太平洋戦争の総力戦を遂行するために導入された諸施策のことで、それまでの日本の制度とは異質のものがつくられました。

　最近まで日本型企業の根幹といわれてきた、従業員利益の追求、終身雇用、年功序列賃金、企業別労働組合、下請け制度などがこのときにつくられました。また銀行からの融資にたよる間接金融制度や、事業法による経済統制を目指す官僚体制、そして所得税の源泉徴収や法人税などの税財源の中央集権化などの財政制度も導入されました。終戦後も占領軍はこれらの体制の多くを、占領政策に有用と引き継ぎましたので、戦後もそのまま温存継承されました。

　これら1940年体制は、挙国一致には有効であり、戦後の奇蹟といわれる日本の高度成長を可能にしましたが、歴史的転換のための構造改革には、官僚が省益のために抵抗勢力となって反対しています。

第4章 日本の改革が遅れた理由

霞が関の中央官庁街を示す案内図

2. 原因その2──自民党政権のやり方も時代遅れ

1955(昭和30)年に自民党が誕生しましたが、それ以降長期にわたり自民党の安定政権が日本を支配してきたことを1955年体制といいます。

政官民のトライアングルは、高度成長時代にはうまく機能しましたが、1980年代以降も官僚主導の政策立案依存に安住したために、いまでも政治家が官僚主導の壁を破れません。そして政治家も構造改革に対しては既得権益確保のためもあって、消極的な対応しかできていません。

自由民主党の結成大会　昭和30(1955)年11月15日に日本民主党（総裁、鳩山一郎）と自由党（総裁、緒方竹虎）が合同して結成された
毎日新聞社提供

　日米構造協議などによる公共投資の巨大化もあって、財政赤字は危機レベルに達していますが、国民の反対が強い増税を避けたので、その穴埋めを赤字国債に頼ることを30年間も続けてきました。
　政治改革にもかかわらず、政治家が官僚を支配できていないので、官僚制度の改革ができないのです。唯一官僚制度を変えられるのは政治家であり、官僚制度を変えられない政治家の責任は重大です。

3. 原因その3──持続可能社会への転換をしようとしない

1970年代に時代の流れが大きくシフトし始めました。ローマクラブによる成長の限界の指摘や第一次石油ショックが具体的な変化を示しましたが、日本は高度成長のさなかにあったので、持続可能経済社会への転換の必要性を認識せずに、世界規模での視野が欠けていました。そして国家ビジョンがないなかで、今日まで高度成長時代の社会構造はそのままに、その延長線上を走りました。

社会構造改革の変化は遅いままです。量から質へ、大量生産から注文生産へ、心の豊かさを求める社会、そして智慧を使ったまったく新しい産業がリードする社会に向かうのであり、これは故事来歴を大切にする規制社会構造を否定する社会です。ジュラシックパークではありませんが、日本には沢山の恐竜が威張って歩き回っています。

4. 原因その4──アメリカ追従のツケ

レーガン大統領は、日の出の勢いの日本を警戒しました。そして日本の勢いを抑えるために、ドル建て米国債の日本による大量引き受けを日本に要求しました。さらに1985年にはプラザ合意により急激な円高を起こしましたが、これはア

東京・港区赤坂にあるアメリカ合衆国大使館

メリカのもつ日本からのドル建て借金が円換算で大幅に目減りすることであり、アメリカへの徳政令となりました。1980年代には日本にたいし263兆円の内需拡大を義務づけ、さらに1990年代には時のブッシュ大統領がさらに430兆円の内需拡大を日本に義務づけました。これは政官民の利権集団のパワーを強め、日本の"土建国家化"を促進することになりました。

　日本は資源がありませんので、貿易で外貨を稼がないと生きていけません。外貨を稼ぐ主体が製造業ですが、円高によりドル表示では日本の人件費や経費が大幅に上昇しましたので、製造業は工場を海外に移転せざるをえなくなりました。

結局のところ、この円の過大評価により製造業の空洞化が促進されることとなりました。

5. 四つの複合原因とみんなの考え方も原因

沢山の原因が複雑にからんだ複合原因によります。
1. 戦時体制の行政システムの肥大化と検証なしの無責任体制
2. 自民党の長期安定政権と公共投資偏重の利権構造
3. 時代の歴史的転換の認識不足と国家ビジョンの欠如
4. アメリカの対日戦略と日本の盲目的追従

　財政はコントロール不能ではなくコントロール不良です。国民の財政に対する感度が鈍く赤字を気にしない（比例制御不良）、景気悪化には敏感に財政出動（微分制御はあり）、累積赤字の修正動作は鈍い（積分制御不良）というコントロール不良状態となっています。比例制御と積分制御をキチンと調整すれば、財政も徐々に制御可能になります。問題はやる気があるかにかかっています。

　国民の認識と危機感が不十分で、国民が政治を自分のものとして考えていないのも原因の一つでしょう。国民が政治家に財政危機の説明を求めていません。政治家も自分から財政危機を説明しようとはしません。政治家が必死に動かぬ限り、官僚制度は変わりません。そして政治家を変えるのは国

民の責務です。

　問題先送りとか、失敗の追求をしないとか、結果の検証を求めないとか、日本の文化・価値観・慣習などにかかわる日本独自の問題も存在しています。

第5章

何がもんだいなの？

大赤字は何が問題なの

1. 沢山ある心配のタネ

(1) 財政の柔軟性が失われます

　財政赤字が積み上がると、国債の利払い費用が増大します。年度の予算のなかで国債利払い費用などが大きくなると、限られた支出枠の中で政策的な経費枠を絞らざるをえなくなり、財政の柔軟性が失われます。これからの老齢化・人口減少化のなかで、年金・医療・福祉などの社会保障関係の支出が増大することは確実であり、また社会資本の整備や国際社会における日本の責任など沢山の需要が存在しますので、国債関連費用の増大は国民の生活にとってマイナスとなります。

(2) 財政の持続可能性に対する市場の信用が失われる

　財政赤字の積み上がりは、財政の持続可能性についての市場の信用を失うことにつながる可能性があります。持続可能性とは、いまある政府の借金の長期的な返還の可能性をいっています。赤字財政の財源を赤字国債でまかなうことは、利払い費用の増大を招きますので、もしも金利が上昇する場合には、利払い費用の増大そして財政赤字のさらなる増大という悪循環になる可能性があります。そうなるとついには、政府の借金の返還可能性に疑問符がつくこととなります。赤字国債の危険水準についての具体的な数字の推定は難しいです

が、"利子率が名目GDP成長率を上回ると、いずれ支出のすべてが利払い費用になるので、破綻する可能性が出てくる"との定理があります。

⑶　金利の上昇と民間部門支出が抑えられます

　財政赤字は国債によって穴埋めされますが、市中の資金が国債の購入にあてられるので、市中の資金が足りなくなり金利が上昇します。このため民間の投資が抑えられ、経済成長を妨げることになります。

⑷　国債バブルの危険性が心配です

　いまはリスクが少なく、利回りはそれなりということで国債の人気が高く、最近では個人向けの国債も発行されるようになってきています。平成15年3月末の国債と借入金債権は、銀行などが180兆円（33%）、郵貯・簡保が120兆円（22%）、日銀が80兆円（15%）、その他が160兆円（30%）を保有しており、合計540兆円も存在しています。家計の預金・貯金は800兆円くらいといわれていますが、銀行や郵貯・簡保に預けたお金が300兆円も国債や借入金になっているので、家計の預貯金の4割近くが国債などになっているのです。金利の上昇や国債信用にかげりが出てくると、国民の預貯金の4割近くがリスクにさらされるおそれがあるのです。国債の発行額がさらにふえると、この比率はもっと上がるはずで、一部で国債バブルを懸念する声もあるのです。

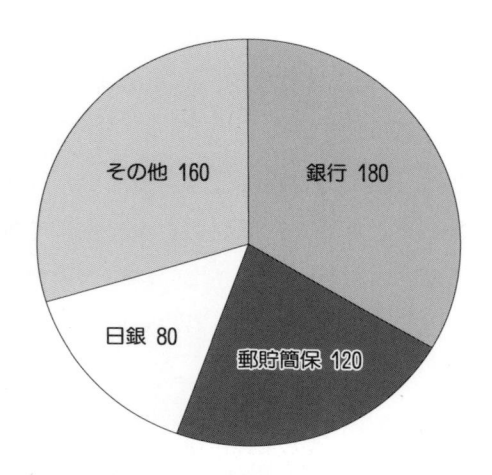

（円グラフ：銀行 180、郵貯簡保 120、日銀 80、その他 160）

図4　国債と借入金債権の保有者（兆円）

　これらから見て、現在の政府借金のレベルは危険ゾーンに近いところに存在しているものと考えられます。

2. ではどうすべきか──自信をもって冷静に対処しよう

　先進諸国の国と地方の借金残高は、一部の国を除きGDPの50〜60％以下に調整されており、日本も現在のGDP対比141％でなく、50％以下を将来的には目指すべきでしょう。

　そして危機ゾーンにいることを認識のうえ、市場の信認を

第5章　大赤字は何が問題なの

継続させるために、財政改善の長期マスタープランをつくり、いつまでに予算を赤字国債なしで組むのか、いつまでにGDPの50％に借金を減らすのかを国民に約束することが必要でしょう。このためには増税も必要になりますので、具体的な長期戦略や短期戦術を国民にわかりやすく説明して、国民の了解を得ることが要求されます。

　経済は生き物です。国民に全てを明らかにし、透明性を確保しながら、利害の衝突するものばかりのなかで、国民の理解を得ながら優先順序をつけて対応することが必要です。国民に大きな痛みを与えるわけですので、政治家は過去の政策の誤りにつき総括するとともに、過去の行政の失敗についても検証して、特にムダの多いと思われる官僚制度、特殊法人、地方財政などを抜本的に改革することが、前提条件になります。

　そして構造改革・社会改革・規制緩和を推進し、一方で改革への反対勢力を選挙で厳しく選別して駆逐していくのは、国民の責任になります。投票率が100％に近いものとなることが強く求められます。政党を選び、選んだ政党の実行力を監視するのは、民主主義の第一歩です。国民がしっかりしないと日本は沈没してしまいます。こんな良い国を沈没させては、明治維新以降日本を外国から守り抜き、近代国家に育て

てくれた明治・大正の先輩に申し訳が立ちません。

いまの日本は悲観的になりすぎています。日本には日本人という大きな資源があり、また得意の技術もあり、世界最大の対外資産ももっているのです。日本人は自らを信じて、解決に向けて行動を開始すべきです。自信をもって楽観主義で。

3. もし失敗したらどうなるの

日本では、終戦後に財政破綻を経験しています。

これは、戦時中に膨大な軍需をまかなうために、政府が巨額の戦時国債を日銀引き受けで発行したところから始まりました。そのために過剰流動性が蓄積されましたが、戦争中は"欲しがりません、勝つまでは"で表面化しませんでした。

戦後になって、過剰流動性が表に出て、悪性インフレが発生しました。戦後1年後の1946(昭和21)年には戦前の16倍、10年後の1955(昭和30)年には600倍にまで物価が上昇しました。そして戦時国債などは紙くず同然となりました。

政府はインフレ退治のために、非常手段に訴えました。1946年2月に旧紙幣をすべて金融機関に預けさせたうえで、

第５章　大赤字は何が問題なの

昭和21(1946)年３月から、新円切替え　警官が見守るなかで、トラックから下ろされる梱包された新円　　　　　　　毎日新聞社提供

満員列車に買出しの荷物をもって乗り込む人たち　太平洋戦争が終わった昭和20(1945)年11月頃　　　　　　　　　　毎日新聞社提供

預金の封鎖を行いました。月給も500円以上の引き出しを禁止して新しいお札で払わせ、金融機関の倒産を防ぎました。

不良債権の損失処理には大ナタを振るいました。
- 国は戦時中の企業からの借金を強制的に打ち切り、ナシとしました。
- 金融機関は企業へ貸した金を放棄しました。
- 国は金融機関に対しては、封鎖預金の切り捨てにより、預金としての銀行の借金を免除し、金融機関を再編・整理しました。
- 国民は預金を封鎖され、戦時国債も切り捨てられました。
- 裕福な家計には、25%以上の財産税を課税しました。

国も赤字、企業も赤字、家計も赤字であり、一時的な耐乏は自らのためのものとしてみんなが受け止めました。

戦後になって、このハイパーインフレーションの反省として、国債の発行を禁止し、日銀の国債引き受けを禁止しました。しかし戦後20年目の1965(昭和40)年に佐藤栄作内閣が国債発行の禁をやぶり、そして1975(昭和50)年に三木武夫内閣が毎年の赤字国債発行を始めたのが、今回の財政危機の始まりとなりました。

第5章　大赤字は何が問題なの

自由民主党総裁に選出された三木武夫（右）が、首相官邸を訪れ、田中角栄首相と会談後、談笑しながら玄関を出たところ 昭和49年(1974)12月4日。その後三木武夫内閣が赤字国債の発行を始めた
毎日新聞社提供

　ソ連崩壊後のロシアやアルゼンチンでも、ハイパーインフレーションと財政破綻が起こっています。国債の債務不履行（デフォルト）が宣言され、銀行預金が封鎖されたうえで、国に封鎖預金を没収されています。

4. アメリカが風邪をひくと日本は肺炎になる

　まず、アメリカとは日米安保条約を結んでいることを認識する必要があります。安保条約は正式には"日本国とアメリカ合衆国との相互協力及び安全保障の条約"となっており、

安保だけでなく経済的協力の促進が柱となっています。

　戦後のアメリカは、ソ連との冷戦構造のなかで、自由諸国を代表するスーパーパワーとして君臨してきました。そして世界経済のなかでも、蓄積した貿易収支の膨大な黒字を対外投資に振り向け、1960年代には資本輸出国としての絶頂期を迎えました。

　しかし1971(昭和46)年にはニクソンショックといわれる新経済政策を発表し、金とドルとの交換を停止しました。これによりドルは金のしばりから解きはなされ、その価値の変動が世界経済をゆれ動かす独特の基軸通貨となりました。アメリカの海外純資産は1981(昭和56)年がピークとなり、その後は減り続けました。1980年代は貿易収支の赤字を毎年1000億ドルも垂れ流しましたが、この赤字を上回る海外よりの資金の流入によりバランスを保つことができました。
　これは日本を中心とする資本輸出国から資本を流入させ、自分の貿易赤字を穴埋めし、さらに流入資本の余剰分を海外へ環流させる"ドルの大循環"を行うものでした。日米の関係でいえば、アメリカの経済政策と防衛政策を成功させるために、日本の余剰資金を利用するシステムであったといえます。

第5章　大赤字は何が問題なの

　現在のブッシュ政権は、景気対策としての大型減税とイラク戦争などで、やっと黒字化した財政も再び赤字となりました。財政収支が0.2兆ドルの赤字そして貿易収支が0.4兆ドルの赤字で、再び双子の赤字となっています。しかし国と地方の債券残高は6.2兆ドルでGDPの60％程度となっています。そしてアメリカの対外借金の残高は2兆ドルといわれています。

　日本の対外資産は3.1兆ドルであり、そのうち直接投資は0.3兆ドルで、大部分は間接投資2.8兆ドルとなっています。具体的な数字の公表は限られていますが、おそらく間接投資のうち1兆ドルくらいがアメリカ国債を買っているものと思われます。

　いまでは、世界最大の金貸し国の日本が経済危機に直面し、世界最大の借金国のアメリカが好景気を楽しむ状況になっています。これは異常であり、常識外のことでありますが、ドルが基軸通貨になっているからこそ可能になっているものです。日本はドル建てで米国債を買っているのですが、投資先のドルの世界はきわめて不安定なところとなっているのです。アメリカは自分の政治や軍事的な位置づけから、ドルの強さを調節でき、貸し手国の力を殺ぐにはドル安にすればよいわけです。

日本はアメリカに深く足を踏み入れてしまっていますので、アメリカの貿易収支の赤字が続くかぎり、日本が穴埋めせざるをえない役割を負っています。ドルと運命をともにせざるを得ないことになっています。日本が穴埋めしないとドルは暴落の危険性があるのです。ドイツはドルから逃げてユーロをつくりましたが、日本には今のところ逃げ道はありません。

　以上をまとめると、日本はアメリカ国債をドル建てで１兆ドル近くも所有しているものと思われており、もはやアメリカ国債を売って逃げ出すことはできない状況下におかれているのです。したがってアメリカとは運命共同体であり、アメリカ経済がおかしくなるときには、日本経済もおかしくなる危険性が高いということになります。これは世界経済の破綻であり、どうしても未然に防ぎ、起こさぬようにする必要があります。

　ここでは、アメリカ経済の脆弱性を否定はできませんが、アメリカ経済がそれなりに安定していることを前提に、日本の財政危機をどう解決していくかを考えることとします。

5. 親子世代間負担のはなし

　いまは国債の返還を 60 年として政府は国債を運営してい

ます。建設国債は221兆円もあり、公共投資などに使われましたが、公共施設の平均耐用年数は40年以下であり、60年間返還では耐用年数の後も使われなくなった公共投資施設の返還支払いを、さらに20年以上行わなくてはなりません。赤字国債は206兆もあり、これは毎年度の歳入不足の穴埋めが積み上がったものですが、これもその性格上は極力早く返還すべきものと考えられます。

　政府が、国債の返還を60年間にしたのは、現実には返還が非常に難しいとの判断をしたからと推測され、この問題を国民の眼からそらそうとしたものと考えられます。10年前の大蔵省はさかんに国債の積み上がりが問題であると指摘していましたが、いまの財務省はこの問題を避けていて、問題指摘などはしなくなっています。政治家もなぜか問題指摘を避けており、2003（平成15）年の衆議院選挙のマニフェストにも、財政均衡を2010（平成22）年までに達成するとの公約は自民党の主張があるだけで、民主党にも財政危機の緊張感はあまり感じられませんでした。

　国債返還が60年ということは、いまの時代の借金を、子の代だけでなく、孫の代にまで先送りしようとするもので、問題先送りの得意な日本でも、決して許されることでないと考えます。

世代間の不公平の問題は、年金問題でも議論されていますが、財政問題もふくめ、オープンな国民との議論があって、どう解決していくのかを方向づけることが必要でしょう。

　財政学では、リカード・バローの中立命題というものがあって、国民が国の借金の大きさを知って、いずれ国民が税金などで穴埋めすることを認識すれば、現役世代は減税分を貯蓄に回し、最後は遺産相続のかたちで次世代に引き継ぐので、現役世代への国債発行による減税と、次世代への国債返済のための課税はバランスし、世代間の公平性の問題は生じないとしています。しかし現実には現役世代は減税分を全て貯蓄に回すわけではないので、前提のところが違ってくるために世代間の公平性の問題は存在することとなり、したがってよく国民のなかで議論をして方向性を出すべきでしょう。

第6章

何かおかしいゾ!?

みんなで考えよう
日本人の良くないクセと習慣

財政破綻問題は、政治や行政の基幹にかかわる範囲の広いそして根の深い問題から出てきています。これは善きも悪しきも日本人の特性や文化・価値観・慣習などいろいろなところに関係しています。ここでは、文化の壁をいくつか取り上げ、何が問題なのかについて述べてみたいと思います。

1. 選挙で一票の力は平等ですか

　現在の衆議院選挙の一票の格差は 2.1 倍もあります。これは 1983 年の選挙で一票の格差が 4.4 倍となり、東京・大阪・札幌・広島の高裁で、"現行の定数配分規定は違憲"との判決があり、最高裁も同様の判断を示したことのよって、改正されてきたものです。しかし小選挙区制の導入にともない、一票一価を目指すべきところを、新制度導入の混乱を避ける名目で、調整が行われ格差が 2.1 倍となっているものです。

　本来、民主主義の国家で、国政選挙の行使で格差があるのは原則的におかしいと思います。過疎地区と都市部で、代表を選ぶ力が倍半分も差があるのは間違っており、早急に改訂すべきでしたが、今回の選挙では直されませんでした。農村部選出の議員の抵抗によるものでしょう。

第6章 みんなで考えよう日本人の良くないクセと習慣

国会議事堂 国会は全国民を代表し選挙で選ばれた議員で組織され、「国権の最高機関であって、国の唯一の立法機関」

民主主義が導入されて50年以上経つのに、民主主義の基本である一票一価が真剣に議論されず、中途半端な格差2倍でお茶をにごすのは、国民の認識の問題であり、そのレベルが残念ながらまだ低いということでしょう。

参議院選挙の格差は、4.8倍もあり、誰も怒らないのは不思議です。

自民党に有利な選挙システムだからこそ、自民党は問題先送りで時間稼ぎをしているのでしょうか。国民が政治にもっと関心をもたないと、日本は変われません。政治に無関心な国民を増やすのが、自民党の珍しい戦略的な打ち手なのかも

しれません。だからこそ、国民が政治に関心をもち、政治を監視するレベルにまで意識改革をすることが、国民の将来を決め、国民の財産を守り、国民が夢と希望をもてる国にするために、いまこそ強く求められているのです。国民に危機感がなく、怒りがなく、国を守り国民を守る気概がないのでは、日本の明るい未来はありません。

2. リスクに無関心ではないですか

現代社会では、多くのリスクのなかで生活していることとなります。まずリスクは自然災害に始まり、都市災害、停電災害、労働災害、食品災害、医療災害、交通災害、テロ災害、環境災害、バイオ災害、感染症災害、科学物質災害、放射線災害、廃棄物災害、巨大技術災害、地球規模災害、環境ホルモン災害、投資リスクなどのまさに多くの危険のなかで生きているわけです。

日本はもともと地震・噴火・台風の国ですが、災害のときは耐えなくてはなりませんが、普段は安全と水はタダと考えて生きてきましたので、リスクマネジメントへの関心はありませんでした。しかし今日のように、社会が複雑になり、多様化してくると、都市災害一つを例にとっても、個々の災害対応だけでは防止できず、総合的な対応が必要になります。

リスクを評価し、対策を練り、対応策を実施しておくなどのリスクマネジメントが、国レベルから個人レベルに至るまで必要となっています。

　地震の予知ができるようになったとしても、真剣に対策を実施する人がわずかでは、災害を小さくすることができません。家族レベルでも、集合場所や連絡方法、災害時に備えた飲料水、食料、燃料、電池、簡易トイレなどを準備しないと、数日間の避難生活が厳しいものとなるでしょう。どのような事態が発生し、どのような被害を受けるか想定して、それへの対策、対応を考えておくことがリスクマネジメントであって、難しいことではありません。水と安全はタダの考え方では、災害に対応しきれません。
　今日のデフレ、ゼロ金利、財政危機のなかでも多くの預貯金が郵便局や銀行に預けたままでした。もしも日本で預貯金することと、海外で預金することのリスク比較の検討がなされ、多くの個人預貯金が郵便局や銀行から引き出され、海外預金に移動していれば、先送りされた多くの財政課題が違った展開になっていたのではないかと思われます。

3. 情けを伝える情報を活用していますか

　情報化時代といわれますが、情報を正しく理解して活用し

ていくことが求められています。日本ではアイディアやノウハウ・設計デザインなど無形の情報はタダとのソフト軽視の風潮が昔からあります。これからの時代は、モノより情報などのソフトを大切にする智慧の時代、アイディアを買うなど情報の時代となります。情報や智慧を尊重し新しいビジネスを創業していく必要があり、そのためにも情報の特性を理解して情報を正しく使うことが求められます。

　情報の特徴は次のとおりです。
　① 　無限に作れ、使っても減らない
　② 　コピーが自由で伸縮自在、移動も簡単で世界のどこにでも
　③ 　組み合わせると違った意味の情報ができる
　④ 　活用して初めて価値が出る
　⑤ 　情報を活用するのは人である

　情報を活用するためには情報の読み書きである、"情報を見つける力"、"情報を作り出す力"、"情報を人にわかりやすく表現する力"、"情報を正しく伝える力"、"沢山ある情報のなかから有用な情報を選び出す力"、"選んだ情報をうまく活用する力"、そして"コンピュータなど情報技術を使いこなす力"などが必要です。

第6章　みんなで考えよう日本人の良くないクセと習慣

　情報は問題意識の薄い人には、右の耳に入り左の耳から抜けていきますが、問題意識をもっていると、いろいろな情報が耳に入ってくるようになり、それの組み合わせや回りの人たちとの会話や議論などから新しい情報を生み出すことが可能になります。今の時代は情報過多であり、本当に必要な正しい情報を選択して集めることがポイントとなります。

　政官民のトライアングルが、独占的に情報をもっていますが、国民にタイムリーに公表されているのでしょうか。インターネットを通じてかなりのデータや情報が見られるようになってきていますが、都合の悪い情報は出ていないようです。公開度のいっそうの進展があって、国民は見たい情報を見たいときにアクセスでき、政治や財政の問題をもっと身近なものと感じることができるのです。
　政府の意図が国民にわかりやすい言葉で語られ、マスメディアも含めた国民の間だで議論され、国民の合意を形成していくことの積み重ねが、国民の政治に対する関心を増すために必要なのでしょう。国民に迎合するのでなく、国民が反対するものでも、国益を説き力強く国民を説得していく努力が政治なのでないでしょうか。

4. 大切なことをその場の雰囲気で決めて
　　いませんか

　いろいろなことが、初めは論理的に議論されていても、何となく出来上がってくる雰囲気のなかで、最後は情緒的に意志決定がなされることが多いようです。そして多くの場合、後で結果が目的に合致したかの確かめもなく、軽い反省でおわるのが通例となっています。

　この場合には、一点豪華主義の情緒的な意志決定であり、論理的なつめを欠いていますので、前提の条件が変わったときへの対応策がなく、国内でしか通用しない、国際的には欠陥のある意志決定となります。

　財政破綻への道も、情緒的な政府の意志決定が連続して行われ、論理的な反省や議論は無視されたままに、国債残高が積み上がったものであり、国家財政のあるべき姿を長年にわたってみんなで無視した結果であります。

　外圧がかかったり、突発事故が起こったりして、変なナショナリズムが出てくるのが恐ろしいのです。マスコミがあおって、ひとときの感情で情緒的な意志決定をして、太平洋戦争開戦のようなミスを繰り返さぬ覚悟を固めておくことも必

要かもしれません。

5. 外国人が好きですか

外国および外国人に対し、日本人の心の内なる国際化が必要です。

これだけ沢山の人が海外に旅行に行っているのに、日本人の心の内なる国際化はあまり進んでいません。これは外国に行っても景色を見て、買い物をして帰ってくるだけのパッケージツアーに責任があるのかもしれません。何でも添乗員に頼み、外国語を話さずに、外国の人たちとの交流もなしに、日本語世界の檻の中に閉じこもったままで帰ってきています。もったいないはなしです。これでは外国語を勉強する意欲も必要も出てこないということになります。

一般に日本人は、外国や外国人に対し以下のような傾向があるといわれています。
- ハッキリとものを言わない。ハッキリと意志表示しない。
- 外国人からみるとアンフェアーな行動がある。
- 原理原則が不明確である。
- 相手の歴史や文化を知らず、理解しようとしない。
- 言うことが論理的でなく、議論を避ける。

- 相手の宗教に関心がない。
- 西欧にはへりくだり、東洋には威張りたがる傾向がある。

　国際会議でも、アジアの人びとは国際式コミュニケーションをうまく使って、欧米人と互角に議論していますが、日本人は沢山参加しているわりに存在感が薄く、議論に参加できない人が多いようです。内なる国際化とは難しいことではなく、外国人とお互いに認め合い、誠心誠意のつき合いをすることです。言葉はへたでもジェスチャーも交えて、お互いに意志を通じることが必要です。

　アメリカだけでなく、国際社会の場で、日本の主張を論理的に展開し、各国の利害を調整して、各国の理解を得る努力こそ、これからの日本人に求められているものです。日本の国益を守るために、そして財政問題の解決に向けて、政官民がそれぞれのレベルでの日米を中心とした協力や調整を行うことが、パートナーとしていままで以上に必要となってきます。

6. 歴史から学んでいますか

　日本人は失敗をしても、その失敗の本当の原因の追求や評

第6章　みんなで考えよう日本人の良くないクセと習慣

価総括を行いません。本当の原因でなく、周囲の人の失策とならぬような玉虫色の原因をさがし出し、一見落着としたがる習性があります。これでは本当の原因は闇の中で、また同じような失敗を繰り返すことになります。そして人の噂も75日とのことで、結局だれも責任を取らないことを許してしまう国民性があります。本当の原因の追及や、失敗に対する反省がないので、せっかく歴史に沢山の失敗の経験があっても、そこから何も得ていないことは問題であり、これは改めなくてはいけない習性です。

古くは日中戦争の始まりから、そして泥沼化していき、最後は太平洋戦争に突入しましたが、ここでは歴史の一こまごとに誤った判断や決断があり、それらの既成事実の積み上げの前に、もはや修正行動の取りようもなくなり、日本は埋没していった歴史があります。まさにいま問題の財政危機も全く同じパタンで失敗の道を進んでいることに、DNAに仕組まれた国民性を感じます。歴史を知り、そこから教訓を得るという民族としての当然の反省が欠落しているように感じられます。

1990年代でも、景気対策や不況対策の名前のもとに、たび重なる公共投資が行われましたが、景気の回復はなくただ

国の借金が増えただけに終わりました。しかしその効果についての検証もなく、国民への報告もないまま今日に至っています。そして誰も責任を取っていません。

　これからは、国は政策を実行したときには、その結果を検証し、その結果を評価して、修正が必要なら次の行動を起こすなどの検証システムを義務づけるべきです。そしてその経過や結果を国民に説明する"説明責任"と結果の責任を取る"結果責任"を明確に行うことが必要です。これは官僚制度の本質を直すものであり、政治が命がけで挑戦すべきことがらです。

第7章

家計金融資産
隠れ借金
国・地方の借金
国内総生産
再建目標
不良債権
支出
税収入
赤字国債
現在

いまこそ決断のときです

1. どの道を選ぶのですか

　国民はいま10年以上も遅れて、日本の将来を決める最後の国民の選択と決断を迫られています。10年前ならいろいろと打つ手もあったのですが、90年代の失政により、国の借金は倍増してしまったいまでは、残念ながら思いきった手は限られています。国債の市場信用を失うことなく、財政改革をしっかりと着実に進めて行かなくてはなりません。

　ここで国民の選択が必要です。

1. 国民が、課税の高負担に耐え、不景気にも耐え、そして財政の改革を決断する。
2. 問題先送りで、過去の蓄積を食いつぶしていく。

2. 借金返済は大変な道ですが

　財政立て直しとは、財政支出の削減と増税であり、さらなる景気の悪化は避けられません。なぜ財政が悪化したのかを思い出してみましょう。支出より少ない税収を赤字国債で穴埋めしてきたからであり、いうなれば高支出・高負担とすべき財政構造でありながら、国民の歓心を買うために減税を繰り返し、高支出・低負担で走り続け、不足分を増税でなく赤字国債で穴埋めし、問題を先送りしてきたのでありました。国と地方の借金は700兆円にまでふくれあがり、打ち出の小

第7章　いまこそ決断のときです

金融庁　2000（平成12）年7月に金融監督庁と大蔵省の金融企画局が統合されて発足し、その後2001年に金融再生委員会も吸収した

槌（づち）があるわけではないので、その返済を国民に求めているのです。

　誰の責任でしょうか。赤字国債を出したのは、多くは自民党政府でしたが、30年間も自民党政権を選んできた国民に責任があります。政治に関心が薄く、政治家の監視があまく、財政赤字が増えると知りながら、新幹線や高速道路を欲しがった国民にこそその責任があります。国民は財源がないと知りながら花見酒を飲んでしまったのです。

3. 新しい元気な日本をめざして自信をもとう

　政府は"経済成長とデフレからの脱却"としかいいません。日本の社会は、高度成長時代のままの機能不全になっている政治、行政、企業、社会体制をもち続けているので、政府はマイナス成長やデフレ容認は口が裂けてもいえないのです。日本では高齢化社会が到来し、すでに労働人口は1995年にピークを打って減り始めており、さらに総人口も2004年から減少を始めるのです。高度成長社会構造でなく、規制緩和もして、持続可能経済開発社会構造に切り替えていかなくてはならないのです。その意味では、今度は国民が時代の大変革の要請を理解したうえで、構造の改革に邁進する政治家を選挙で選び、構造改革を阻止する既得権勢力を排除することが必要です。各政党がマニフェストをかかげ、政策を競うようになりましたが、そのマニフェストはまだ不十分で、財政赤字に本気で取り組む政党は残念ながら見あたりません。

　中前　忠さんとヘイミシュ・マクレイさんは日本への改造案を提案しています。非常に興味のある内容であり、日本がこれからやるべき構造改革につき、的確な指摘をしておりますので紹介します（"目覚めよ！　日本"より）。

第7章　いまこそ決断のときです

日本改造案

1. 健全な財政　　公的債務をGDPの50%へ
2. 健全な通貨　　国民に信用される通貨に
　　　　　　　　　長期国債実質利回りは4%に
3. 健全な税制　　抜け道をふさぎ税率を下げる
　　　　　　　　　所得税から消費税への転換
4. 健全な企業財務
5. 健全な銀行
6. 企業家精神の重視
7. 消費者の重視
8. 教育における独創性の重視
9. 女性の登用
10. 楽観主義の重視
　　ー日本には、人間という大きな資源あり
　　ー日本には、大きな技術資産あり
　　ー世界最大の対外純資産残高を保有している
　　ー日本は自らを信じる必要がある
　　ー恐れず、他の先進国で経験済みの対策を採用せよ

構造改革のポイント

1. 既存産業のリストラとダウンサイジング
2. ニュービジネスの育成支援

3．政府部門の効率化　小さな政府を
4．デフレーションの受け入れ
5．規制の改革　税制・財政・教育の改革
6．政治の変革
　　一既存産業より未来産業を代表する政治へ
　　一生産者より消費者を代表する政治へ
　　一タックスイーターよりタックスペイヤーを代表する
　　　政治へ

　この考え方には、全面的に賛成です。悲観主義を捨てて、着実な対策を立案して、自信をもって、改革に立ち向かいたいものです。21世紀を先取りした、そして世界をリードする日本の役割が待っています。その前にまずは日本が自由に行動できるように、財政改革にめどをつける必要があるのです。

4．大変さ加減はいろいろ

　平成15年3月末の国と地方の借金残高は、次のような構成と金額になっています（カッコ内はGDP対比％）。

国の建設国債	221兆円	（44％）
国の赤字国債	206兆円	（41％）
国の長期債務	115兆円	（23％）

第7章　いまこそ決断のときです

国の借金合計　　　　　　542兆円　（108％）
地方の借金合計　　　　　163兆円　（ 33％）
国と地方の借金合計　　　705兆円　（141％）

　　　　　　　　地方借金 163
　　　　　　　　　　　　　　　建設国債 221

　　　　国の借金 115

　　　　　　　　赤字国債 206

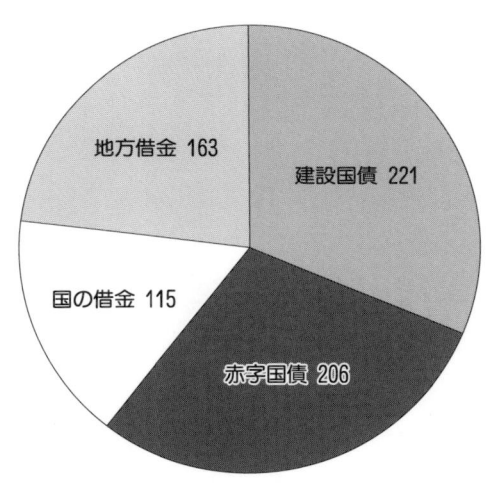

図5　国と地方の借金（兆円）

　これをGDPの50％（250兆円）にまで減少させるために、返済計画につき5年、10年、20年、40年と返済年数を変えて四つのケースについて、平成14年度予算をベースに試算してみます。
　ここでは建設国債の221兆円を30年で全額返済することとします。そして赤字国債206兆円と長期債務115兆円と地方債務163兆円の合計484兆円をGDPの50％に相当する

250兆円にまで返済することにします（返済額　234兆円）。

　赤字国債などの返済にあたっては、ケーススタディとして、

- シナリオ1：　5年で返済
- シナリオ2：10年で返済
- シナリオ3：20年で返済
- シナリオ4：40年で返済

の4ケースを試算しましたが、計算にあたっては、歳出の削減10兆円や、消費税大増税による景気落ち込みを見込んでの税収の落ち込みも、シナリオごとに26兆円から16兆円まで想定しました。また単純化のために金利は0％としました。

　試算の結果は次のとおりになりました。
- シナリオ1：　5年で返済するには、消費税を5年間43％に上げる必要があります。
- シナリオ2：10年で返済するには、消費税を10年間31％とする必要があります。
- シナリオ3：20年で返済するには、消費税を20年間25％とする必要があります。
- シナリオ4：40年で返済するには、消費税を40年間22％とする必要があります。

あなたは、どのシナリオを選びますか。それとも別の案で

すか。

　現在、消費税や付加価値税の高い国は、スウェーデンとデンマークの25％、イタリアの20％、フランスの19.6％、イギリスの17.5％、ドイツの16％などがあります。
　財政改革のためには、5年の短期決戦が望まれますが、消費税は43％と世界で突出する高い税率となり現実的ではありません。欧州では高福祉・高税負担が定着していますが、日本も20％以上の消費税を覚悟すべきと考えます。

5. 元気を出して智慧(ちえ)を出そう

　財政改革で解決しなくてはならない課題は、政府借金残高だけではなく、年金問題、医療保険問題、特殊法人問題など山積しており、債務残高返済に合わせいずれも同時に対応していくことが求められています。一方で予算の硬直化や財政の持続可能性に対する市場の信認にも対処しなければならず、国をあげての長期戦略と短期戦術の絶妙の組み合わせが必要となります。また世界経済の動向、特にアメリカ経済の動きには、深く相互に絡み合っているだけに、長期戦略と短期対応を混同せぬよう、十分な日米間のコミュニケーションとともに、迅速で冷静な対応も求められます。

日本銀行の建物（手前が旧館、左手奥が新館）　1997年6月に、戦時立法である日銀法が56年ぶりに改正され、日銀の独立性を高めるため金融政策に関する政策委員会の強化策が盛り込まれた

　消費税の大幅値上げの前に、しなくてはならないことも沢山あります。日本の社会を持続可能経済開発社会に構造改革する筋道を決める必要があります。将来の日本がどのような国を目指し、世界にどのように貢献するのか、そして財政課題をどのようなタイムスケジュールで改善していくのかを、広く国民を巻き込んで議論する必要があります。お互いに利害が対立する課題が複雑に絡み合っているのであり、最後には総理大臣の判断が求められるのでしょう。また歳出の削減や特別会計、そして財政投融資にもメスが入り、特殊法人をはじめとして、政府の外側にある機関のムダ遣いを抜本的に

第7章　いまこそ決断のときです

洗い出す必要があります。

　国民に犠牲を強いる以上、1940年体制の官僚制度を徹底的に見直して、縦割り行政の欠陥を排除するとともに、政策の実行結果の検証総括を義務づけることが必要です。そして高級官僚の任命は政府が行うなど、改革反対勢力の徹底排除を政治家に期待したい。政治家も過去30年間の政党政治を総括し、自分たちの成果と失敗を整理して国民に報告し、国民の信認を得る必要があります。

　明治維新に匹敵する改革が必要です。このためにはまず国民が財政の課題について実情をハッキリと把握して、政治にもっと真剣に取り組む必要があります。たびたびの総選挙で長期にわたり自民党を選んだのは国民自身であり、財政危機は自分の責任として覚悟を決め、自分の安全や財産そして子供たちの将来を守るために、参政権を行使して積極的に政治にかかわることが肝要です。若者、主婦は、既得権益から遠いところにいますので、これらの人たちが立ち上がり、自分たちの主張を大声で表明して、日本の社会改革を押していくことが望まれます。総選挙のたびに投票率が下がり、政治への無関心層が増加していますが、無関心層こそ将来の日本を担う若者なのであり、自分たちの負担ばかり求める政府に対

し声を大にすべきときがいまなのです。選挙を棄権しておいて、文句を言っても始まりません。

　ジャーナリズムも社会の木鐸(ぼくたく)といわれていますが、なぜか財政問題の危機を系統的にわかりやすく国民に説明や解説をしてくれません。せめて新聞がその役目を果たすべきですが、みんなにわかるような財政問題の全体像の解説や、解決のための方向づけの主張をしているとは思えません。国民が知りたいときに社会をリードしてくれないと、その存在価値が疑われるのでないでしょうか。

第 8 章

先送りを止めることから
全てが始まる

株価が多少持ち直していますが、日本全体がまさに先行きの不安と閉塞感のなかにあります。1980年代には自信満々で傲慢(ごうまん)だった日本人はどこへ行ってしまったのでしょうか。しかし街ではレストランにお客さんは多いし、ブランド店には行列があったりして、良いもの、欲しいものにはお金を払うお客さんは沢山いるようです。

　まさに、商品とお客さんの欲しいものとのミスマッチであり、高度成長体質を引きずっている企業からは、お客さんの欲しいものが提供されにくくなっています。企業のほうも商品が売れず、値段も取れずで、収益力は下がる傾向にあります。

　政治も行政も企業も、構造改革はかけ声ばかりで、10年以上を過ごしてしまったわけで、いよいよ最後のチャンスとして、総理大臣のリーダーシップのもと、構造改革を加速させ、新しい持続可能経済開発社会への転換をはからねばなりません。

　自信の回復は、自分を信じ、事実を知ることから始め、事実の問題の深さを認識して、自分はどうすべきかを考えることから始まります。問題は問題としてみんなが受け止め、叡智を広く社会に求め、先送りせずに取り組むことが肝要でし

第8章　先送りを止めることから全てが始まる

よう。

　ここではストレス耐性を高め、精神的な強靭さをもって、何がきてもキレないことが大切です。社会不安はチョットしたきっかけで暴走しパニックになる可能性があります。このためには政府が正しい情報を、みんながわかるように、キチンキチンと繰り返し流すことが必要です。

　国民は国を信じて、自己責任をベースに慎重に物事を判断し、そして政治をもっと身近なものとして、日頃から政治への関与を高めることが必要です。確定申告をして、自分の払う税金の使い道にもっと注意を払うべきです。そして予算編成や、財投融資などの内容も、もっと詳細を求めるべきでしょう。

　ここでまた財政関連の大切な数字を9個並べてみます。この数字だけ頭にあれば、いろいろな財政問題が容易に理解できるはずです。数字は平成14年度のものを使っています（カッコ内は日本の成人一人あたりの金額）。

1400兆円（1400万円）：家計の金融資産
1000兆円（1000万円）：隠れ借金込みの国と地方の借金
 700兆円（ 700万円）：国と地方の借金
 500兆円（ 500万円）：GDP（国内総生産）/年
 250兆円（ 250万円）：国と地方の借金のあるべき目標
 100兆円（ 100万円）：不良債権残高（信用膨張残高）
  80兆円（ 80万円）：国の予算規模/年
  50兆円（ 50万円）：国の税収/年
  30兆円（ 30万円）：国の財源不足（赤字国債発行）/年

　総理大臣は、この国をどう改革し、どんな国とし、世界にどのように貢献するのかを、ビジョン、ミッションの形で、国民に繰り返し説明し、国民の支持と理解を取り付けることが先決です。そして国の行政は、説明責任と結果責任をもって仕事を行い、実行した支出項目ごとに検証・評価・修正などの管理システムを導入するとともに、財政再建のスキームを国民に明示すべきです。

　日本の社会も持続可能経済開発社会への適応を目指し、量から質へと変換を行い、ものを大切にし、ものの使い方やその質を楽しむ、質素であるけれども静かで心の豊かな生活を求める暮らしにシフトすべきでしょう。ここでは趣味、趣向、文化、教養、健康、宗教などを大切にするとともに、お

第8章　先送りを止めることから全てが始まる

金でなく心の豊かさや個人の智慧や独創性を尊重し、そして自然と共生する社会としたいものです。その社会では、資源やエネルギーの消費を大幅に抑え、地球環境にもやさしいことはもちろん、地球上の開発途上国の社会経済発展にも応分の支援と協力をすることが求められます。

　日米協調は日本の基軸です。日本だけでなく、アジアにとっても日米協調は大切であり、お互いに主張すべきところは主張して、パートナーとして、地球の平和と安定のために貢献したいものです。持続可能な成長と開発を重く受け止め、日本の力を世界に役立てたい。そのためのスタートポイントが社会構造改革であり、財政改革であり、金融不安解消なのです。
　自信をもって、楽観的に取り組みましょう。日本には人という資源があり、世界をリードする技術があり、そして世界最大の対外資産をもっているのです。みんなが自らを信じて、国を信じて立ち上がれば、おのずから道が見えてくるでしょう。まずは自信をもって立ち上がる決断と覚悟をすることです。

おわりに

　この小冊子では、財政問題の現状をできるだけわかりやすくまとめ、どのような課題をみなさんがかかえているのかを明らかにしました。問題先送りにより、課題は複雑になり、単純明快な打ち手はなくなっています。この課題をどう解決していくかによって、次の世代とその次の世代に大変な負担を残すことになります。

　この小冊子では、問題提起までしか扱っていません。なぜなら、この課題こそ生きた経済社会を相手にするダイナミックな世界であり、その解決にはそれぞれの持ち場で専門家が提案し、利害相反の複雑系を的確にたばねる専門家集団がリードしていくことが必要であるからです。
　政治家をはじめとして、官僚、企業人、そして国民が参加したうえで、複雑系をときほぐし、利害調整などを繰り返すプロセスが必要でしょう。やはり総理大臣の戦略性と強いリーダーシップが必須の条件となり、総理大臣をサポートする強力なスタッフも必要になります。国と国民の将来がここで決まってしまうのであり、国民の総力をあげた展開が求められます。

おわりに

　繰り返しになりますが、ここで必要なのは、長期戦略であり、その立案にあたっては、歴史の反映や論理的な議論とともに、沢山のシナリオ変数の設定がポイントとなります。そしてすべての行動に結果責任と報告責任を義務づけ、経過を検証しながらの修正を行うことが必要です。時代の要請は持続可能な経済開発社会へのシフトであります。従来の高度成長型経済社会では、地球上の資源やエネルギーは枯渇してしまう可能性が高いのです。生活を量から質へと変換していくことが始まりであり、世界中の人類が平和に暮らせる社会をつくらなくてはならないのです。

　21世紀になりましたが、地球の歴史から見れば、最後の氷河期の氷がとけてから、まだ1万年くらいにしかなっていません。人類にとってつかの間の安定した最高の地球環境が与えられているのです。地球は人類がどんな悪いことをしても存在を続けますが、人類は生きていけなくなります。この大きなテーマに比べれば、日本の財政問題などは、日本人の叡智で克服するのは容易なはずです。

　いまこそ決断のときです。日本人は異常が長く続くと、それに慣れてしまうようです。ましてや赤字国債は30年近くも続いていますので、もはや異常とは思わなくなっています。

　国と地方の借金は30年近くにわたり積み上げてきたもので、日本人がつくりあげてしまった財政問題です。この問題

に総選挙などをとおして、間接的であっても関係した国民が中心となって解決のめどをつけなくてはなりません。そして次の世代にも後をお願いすることに、現実としてはなるのでしょう。日本人の勇気ある決断があれば解決できます。明治維新の志士たちに負けぬ気力と覚悟そして智慧をもって立ち向かおうではありませんか。元気を出しましょう。

　山本　弘さんの小説"神は沈黙せず"には、2011（平成23）年の日本の"ビッグクラッシュ"（大恐慌）が書かれております。ここでは国の借金が膨張を続け、ついに国債や円も暴落し、爆発的なインフレが発生するとありますが、このときに円をネット上の通貨へ交換をしていた人たちは、影響を少なくすることができたなどと描写されています。これが現実とならぬように、いまが最後の決断の時なのです。

　五曜書房の日吉尚孝さん、友人の沼田信彦さん、案tennaの荒牧陽子さん・AKIさん、イラストレーターのあらまきさちこさんのご支援に対し厚くお礼申上げます。

　　　　　　　　　　　　　　　　平成 16 年 3 月 18 日
　　　　　　　　　　　　　　　　　　　荒牧國弘

参　考　書

内閣府編　平成15年版　経済財政白書　国立印刷局　2003年
参議院予算委員会調査室編　平成14年度財政関係資料集　財務省印刷局　2002年
加藤晴彦編　平成14年度版　図説日本の財政　東洋経済新報社　2002年
川北　力編　平成15年度版　図説日本の財政　東洋経済新報社　2003年
矢野恒太記念会編　日本国勢図会　2003年　矢野恒太記念会　2003年
矢野恒太記念会編　世界国勢図会　2003年　矢野恒太記念会　2003年
集英社編　IMIDAS　1995と2001年版　集英社
財務省主計局調査課編　財務統計　平成13年度版　財務省印刷局　2001年
池尾和人　銀行はなぜ変われないのか　中央公論新社　2003年[**]
吉川元忠　マネー敗戦　文芸新書002　文芸春秋　1998年[**]
吉川元忠　マネー敗戦の政治経済学　新書館　2003年
水谷研治　日本経済恐ろしい未来　東洋経済新報社　2003年
水谷研治　右肩下がりの日本経済　PHP研究所　1996年
水野和夫　100年デフレ　日本経済新聞社　2003年
中前　忠・ヘイミシュ・マクレイ　目覚めよ！　日本　日本経済新聞社　1999年[**]

横山禎徳　豊かなる衰退と日本の戦略　ダイヤモンド社　2003年**

寺西重郎　日本の経済システム　岩波書店　2003年

柳田邦男　この国の失敗の本質　講談社　1998年

中西輝政　なぜ国家は衰亡するのか　PHP新書　PHP研究社　1998年

櫻井よしこ　日本の危機　新潮社　1998年

浅井　隆　国家破産サバイバル読本（上）第二海援隊　2003年

木村　剛　日本資本主義の哲学　PHP研究所　2002年

小林慶一郎・加藤創太　日本経済の罠　日本経済新聞社　2001年

副島孝彦　預金封鎖　祥伝社　2003年

武田辰夫　国益の検証　サイマル出版会　1996年

吉田和夫　日本の国家予算　講談社　1996年

吉田和夫　日本再生・四つの革命　PHP新書　PHP研究所　2003年

野口悠紀夫　財政危機の構造　東経選書　東洋経済新報社　1980年

野口悠紀夫　バブルの経済学　日本経済新聞社　1992年

野口悠紀夫　日本経済　改革の構図　東洋経済新報社　1993年

野口悠紀夫　1940年体制　東洋新報社　1995年

飯田経夫　日本経済　成長の結末　PHP研究所　1998年

本間正明　財政危機脱却　東洋経済新報社　2001年

ドネラ・メドウス・デニス・メドウス・他　ローマクラブ報告　成長の限界　ダイヤモンド社　1972年

参考書

ドネラ・メドウス・デニス・メドウス・他　限界を超えて　ダイヤモンド社　1992年

The World Commission on Environment and Development　OUR COMMON FUTURE　1987年

島田晴雄　日本経済再生の鍵　マーケットパワー　PHP研究所　1999年

八城政基　日本の経営　アメリカの経営　日本経済新聞社　1992年

堺屋太一　時代が変わった　講談社　2001年

小野善康　景気と経済政策　岩波新書　岩波書店　1998年

橋本俊詔　日本の経済格差　岩波新書　岩波書店　1998年

松井賢一編　エネルギー戦後50年の検証　電力新報社　1995年

畑村洋太郎　失敗学のすすめ　講談社　2000年

竹中平蔵　あしたの経済学　幻冬社　2003年

滝田洋一　日本経済　不作為の罪　日本経済新聞社　2002年

原田　泰　人口減少の経済学　PHP研究所　2001年

金子　勝　長期停滞　ちくま新書　筑摩書房　2002年

田辺孝則　日本経済大逆流　日本経済新聞社　1995年

ベンジャミン・フルフォード　ヤクザ・リセッション　光文社　2003年

田中秀臣・他　エコノミストミシュラン　太田出版　2003年

佐伯啓思　成長経済の終焉　ダイヤモンド社　2003年

ピーター・タスカ　20世紀の崩壊　日本の再生　講談社　1993年

ピーター・タスカ　日本は甦るか　講談社　1994年

ピーター・タスカ　日本の大チャンス　講談社　1999年
ジョン・ガルブレイス　日本経済への最後の警告　徳間書店　2002年
天谷直弘　日本株式会社　残された選択　PHP研究所　1982年
天谷直弘　日本経済盛衰の選択　PHP研究所　1986年
天谷直弘　WHAT IS JAPAN?　PHP研究所　1990年
中川八洋　超先進国日本　講談社　1980年
中川八洋　国が亡びる　教育・家族・国家の自壊　徳間書店　1997年
上条俊昭　日本の落日　東洋経済新報社　1997年
香山健一　歴史が転換する時　PHP研究所　1992年
三井信雄　見えない国　見えないルール　ダイヤモンド社　1998年
猪瀬直樹　日本国の研究　文芸春秋　1997年
岡崎久彦　繁栄と衰退と　文芸春秋　1991年
大前研一・田原総一郎　茹で蛙国家日本の末路　ビジネス社　2003年
内橋克人　90年代不況の既決　岩波書店　1999年
内橋克人　もうひとつの日本は可能だ　光文社　2003年
ジェームス・バーク・他　400万年人類の旅　三田出版会　1997年
レスター・ブラウン　エコ・エコノミー　家の光協会　2002年
平野敏右　地球にやさしいを問う　環境原論　丸善　2002年
ビョルン・ロンボルグ　環境危機をあおってはいけない　文芸春

参考書

秋　2003年

ブトロス・ガーリ　国連と人権　1945-1995　地球改善啓発センター

国連大学編　地球環境フォーラム記録集　フォーラム事務局　1991年

国連大学編　Sustainable Development Johannesburg Summit 2002　2002年

日本経済新聞社編　日本経済　新論　日本経済新聞社　1992年

日本経済新聞社編　異説・日本経済　日本経済新聞社　1992年

日本経済新聞社編　経済新語辞典2004　日本経済新聞社　2003年

日本経済新聞社編　デフレが蝕む　日本経済新聞社　2003年

日米構造問題研究会編　日米構造問題協議最終報告　財経詳報社　1990年

神田文人編　昭和・平成現代史年表　小学館　1997年

高橋乗宣　日本国債　かんき出版　2002年

阪上　浩　企業革新と情報化戦略　日本IBMユーザー誌

毎日ムック編　戦後50年　毎日新聞社　1995年

池上　彰　そうだったのか！日本現代史　集英社　2001年

山本　弘　神は沈黙せず　角川書店　2003年

雑誌　「日経ビジネス」「BUSINESS WEEK」など

＊＊：お奨めする参考書

荒牧　國弘（あらまき　くにひろ）

1937年東京都生まれ。1960年に東京工業大学理工学部化学工学課程を卒業し、興亜石油株式会社に入社。石油精製設備の設計・建設・運転管理などを通じ、石油精製技術を専門とする。常務取締役や常勤監査役を歴任し、会社経営や監査を担当した。2001年に退社して、荒牧技術士事務所を開設。
化学工学会、石油学会、日本エネルギー学会、技術士会に所属。
公的資格──技術士、高圧ガス保安責任者、公害防止管理者、エネルギー管理者など。

クリエーティブコーディネーター	案tenna　荒牧　陽子
アートディレクター	案tenna　AKI
イラストレーター	あらまき　さちこ

日本国ヤリクリのカラクリ──国の借金は国民が返すしかない

2004年3月30日　初版第1刷
2004年4月11日　初版第2刷

著　者	荒牧國弘
発行人	日吉尚孝
発行所	株式会社五曜書房
	〒101-0065　東京都千代田区西神田2-4-1　東方学会本館3F
	電話　(03)3265-0431
	振替　00130-6-188011
発売元	株式会社星雲社
印刷・製本	株式会社太平印刷社

ISBN4-434-04133-9
定価はカバーに表示してあります。落丁・乱丁本はお取替えいたします。